MW00889352

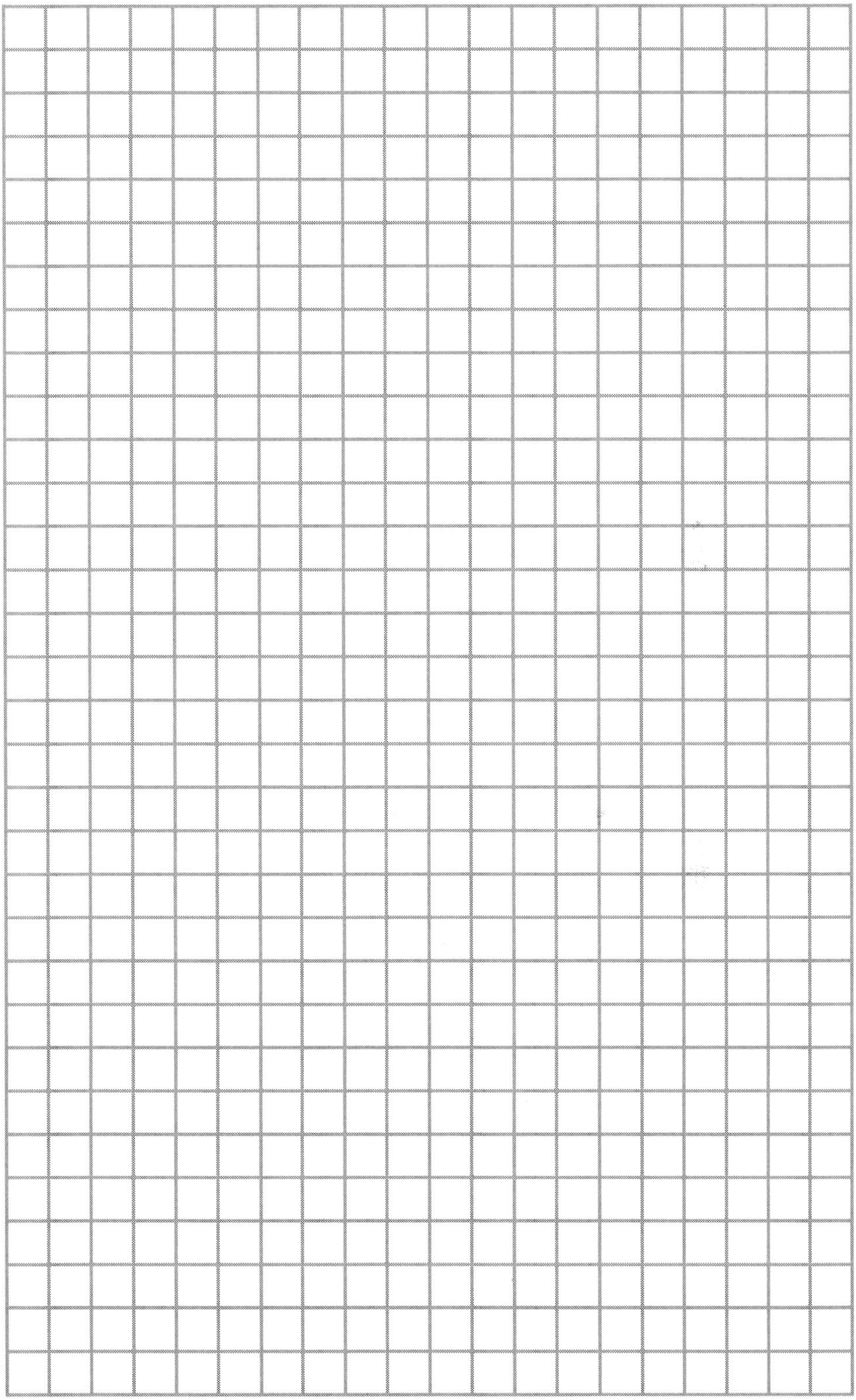

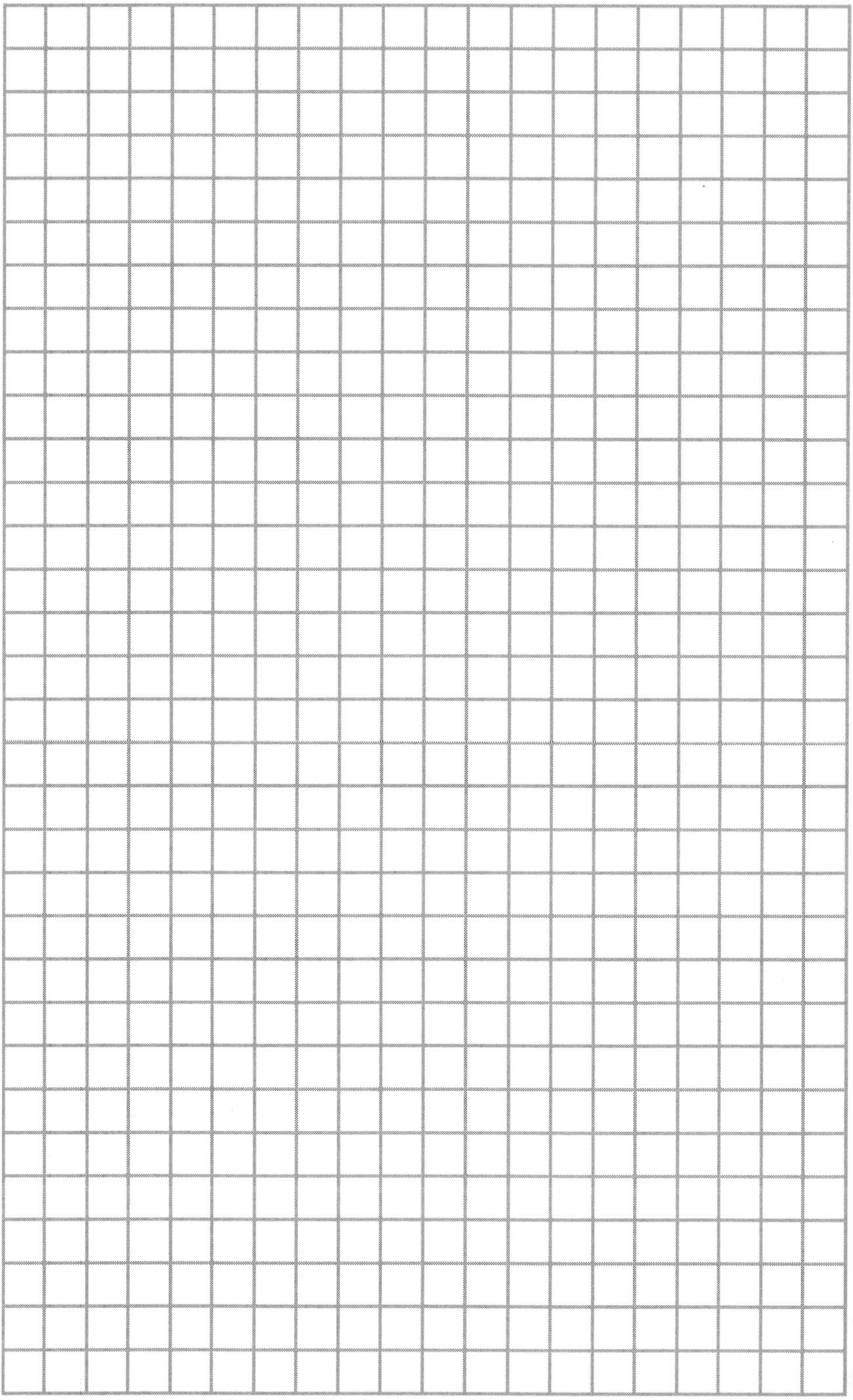

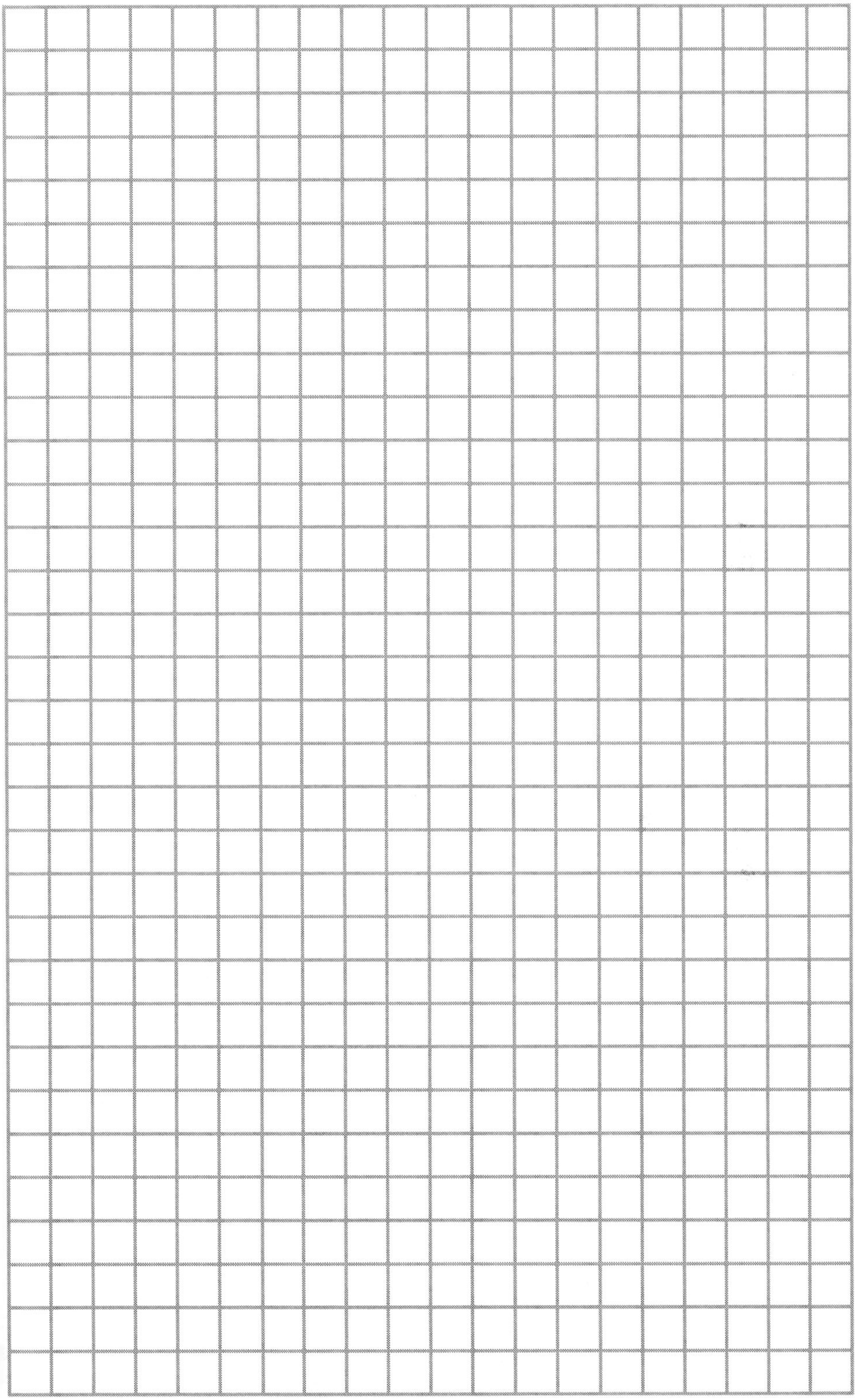

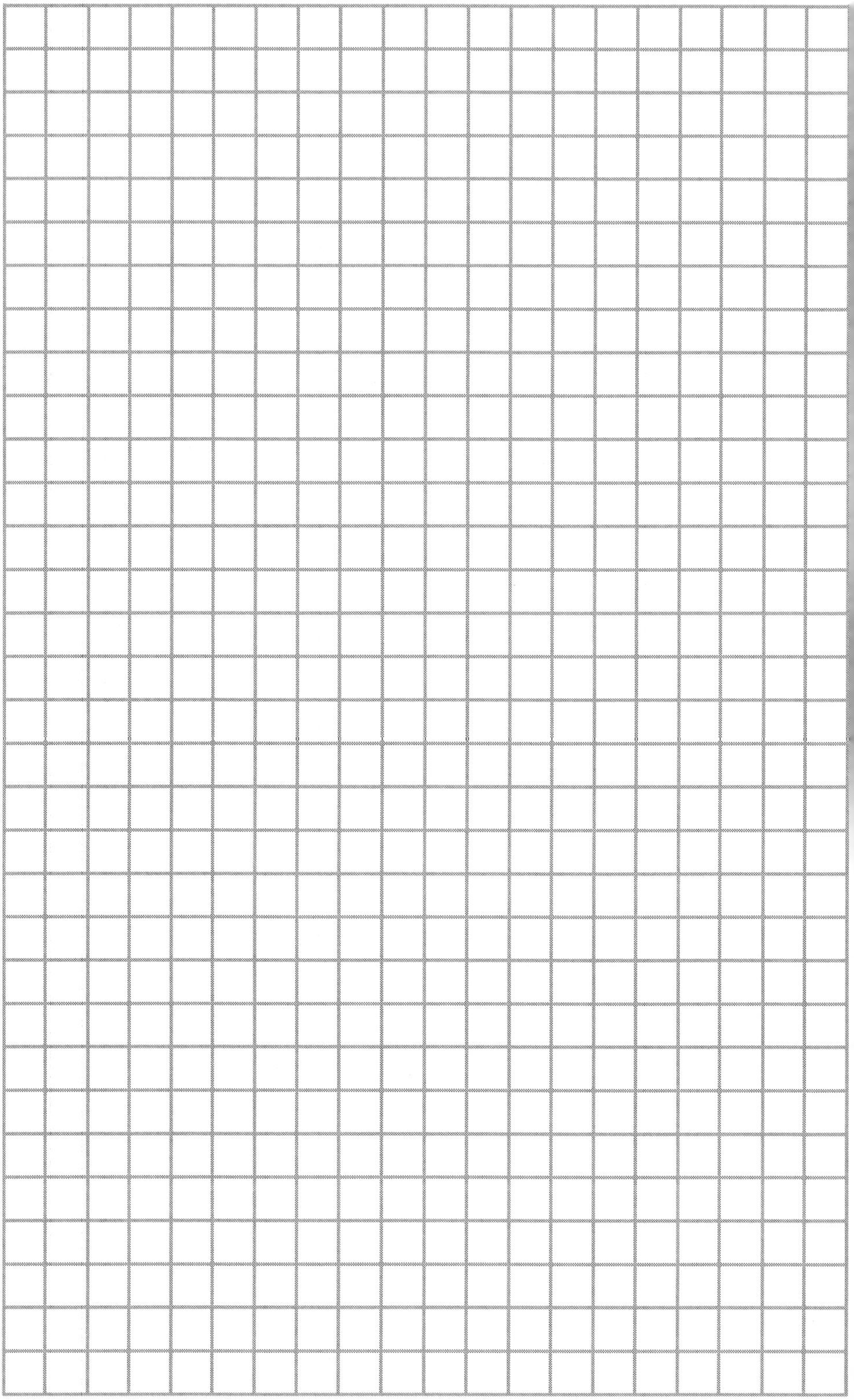

Made in the USA
Monee, IL
01 December 2022

19256895R00068